# George Washington Carver

## Pionero agrícola

Stephanie Macceca

# Life Science Readers:
# George Washington Carver
# Pionero agrícola

## Créditos de publicación

**Directora editorial**
Dona Herweck Rice

**Directora creativa**
Lee Aucoin

**Editor asociado**
Joshua BishopRoby

**Gerente de ilustración**
Timothy J. Bradley

**Editora en jefe**
Sharon Coan, M.S.Ed.

**Editora comercial**
Rachelle Cracchiolo, M.S.Ed.

### Colaborador de ciencias
Sally Ride Science™

### Asesores de ciencias
Thomas R. Ciccone, B.S., M.A.Ed.
    Chino Hills High School
Dr. Ron Edwards,
    DePaul University

## Teacher Created Materials Publishing
5301 Oceanus Drive
Huntington Beach, CA 92649-1030
http://www.tcmpub.com
ISBN 978-1-4938-1662-0

# Índice

# George Washington Carver

George Washington Carver nació siendo esclavo en 1864. Después de la guerra de Secesión, se convirtió en un importante científico. Fue el primer hombre negro en titularse en agricultura.

Carver fue un habilidoso **botánico**. Se hizo famoso por su trabajo con el cacahuate y otras plantas. Las utilizó para crear nuevos productos. Carver también fue un excelente maestro. Les enseñó a sus estudiantes, así como a otros agricultores métodos de **rotación de cultivos**. Eso significaba que debían cambiar los cultivos que plantaban cada temporada. Esto permitía que el suelo descansara entre cada plantación y se mantuviera saludable.

Carver fue un gran científico y, además, fue muy humilde. Le ofrecieron mucho dinero por sus descubrimientos. Pero jamás lo aceptó. Consideraba que las plantas y los secretos que guardaban les pertenecían a todos.

George Washington Carver en 1915

## Muchos usos para el cacahuate

Es posible que Carver sea mejor conocido por el detallado y asombroso trabajo que hizo con el cacahuate. ¡Le encontró más de 300 usos!

4

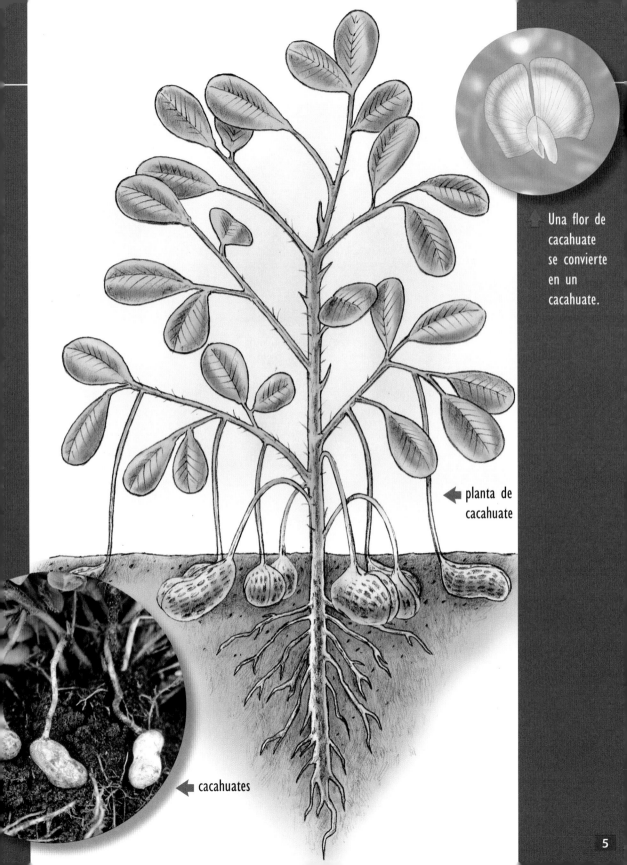

Una flor de
cacahuate
se convierte
en un
cacahuate.

planta de
cacahuate

cacahuates

5

## Nacido esclavo

Carver tenía un hermano llamado Jim. Su madre se llamaba Mary y era esclava. Fue comprada por una pareja de alemanes llamados Moses y Susan Carver. No aprobaban la esclavitud, pero utilizaban a los esclavos para que trabajaran en su granja. Sin embargo, los Carver trataban bien a Mary y sus hijos.

Carver y su madre fueron secuestrados por cazadores de esclavos cuando él era solo un bebé. John Bentley, el vecino de los Carver, se tomó el trabajo de buscarlos. Moses ofreció una recompensa para que los regresaran a salvo. Entregaría 40 acres de **bosque maderero** de primera calidad y uno de sus caballos de carreras.

Los esclavos eran utilizados para cosechar algodón y otros cultivos.

## ¿Qué es un *abolicionista*?

Durante muchos años, la esclavitud fue legal en América del Norte. Los **abolicionistas** eran personas que creían que la esclavitud estaba mal y debía considerarse ilegal. La palabra viene de *abolir*, que significa destruir. Eso es lo que querían hacer con la esclavitud.

## Una gran recompensa

La recompensa que Moses Carver ofreció para que encontraran a sus esclavos fue de $1,100. ¡Era muchísimo dinero para la época!

Frederick Douglass fue un conocido abolicionista.

Encontraron a Carver abandonado al lado del camino en Arkansas. Estaba más muerto que vivo. A su madre no la encontraron. Carver y su hermano no tenían parientes vivos. Entonces, los Carvers los criaron como si fueran sus propios hijos. Carver era débil y no tenía buena salud. No podía trabajar en el campo. Entonces, ayudaba lavando ropa, cocinaba y aprendió a coser.

🔺 La segregación significaba que las personas blancas y las personas negras se mantenían separadas, como en este autobús.

## Educación temprana

Los Carvers intentaron enviar a los niños a una escuela local. Los rechazaron porque eran negros. Las escuelas de Misuri eran **segregadas.**

Finalmente, a los 11 años, Carver pudo empezar la escuela. Caminaba ocho millas para llegar. Llegaba demasiado tarde en la noche para encontrar una habitación en una casa de familia. Entonces, dormía en un granero.

Carver se mudó con los dueños del granero, un matrimonio afroamericano que no tenía hijos. Los ayudaba haciendo las tareas del hogar.

Carver sentía curiosidad por la naturaleza. Recolectaba **especímenes** de muchas plantas e insectos. **Experimentó** con el suelo. Quería descubrir cuál era el mejor tipo de suelo para cada tipo de planta. Vio que las plantas tenían un sistema de cañerías interno. Este sistema lleva agua y **nutrientes** de la tierra a las hojas.

## Hierbas medicinales

manzanilla

milenrama

diente de león

matricaria

achicoria silvestre

### Sin recursos

La casa de la niñez de Carver tenía pocos libros. De hecho, durante su crecimiento hubo solo dos libros en la casa. Eran el *Libro de ortografía elemental de Webster* y la Biblia.

### El médico de las plantas

El joven Carver con frecuencia ayudaba a los vecinos cuando sus plantas estaban enfermas. Las volvía a la vida. De niño, era un botánico por naturaleza. Por eso, lo apodaron "el Médico de las Plantas".

### Un joven herbolario

La mujer con la que vivía Carver le enseñó qué hierbas y plantas podían utilizarse como medicina. Era una **matrona**. Esta es una mujer que ayuda en los partos. También cuidaba gente enferma.

# Elizabeth Britton (1858–1934)

Elizabeth Britton nació en la ciudad de Nueva York. Era la mayor de cinco hijas. Su familia se mudó a Cuba. Ella creció allí, en una plantación de caña de azúcar. Pudo ir a la escuela tanto en Cuba como en Nueva York. Le iba especialmente bien en las clases de ciencias.

Britton estudió botánica. Se graduó de una universidad llamada Normal School. Después, se quedó a trabajar allí. Le interesaba mucho el musgo. Aunque no tenía un título de postgrado, se convirtió en experta y líder en el campo.

Después de casarse con un profesor universitario, Britton quedó a cargo de la colección de musgo de la Universidad de Columbia. También trabajó para preservar las flores silvestres. Ayudó a poner en marcha el Jardín Botánico de Nueva York. Su esposo fue el primer director del jardín. Britton publicó más de 340 trabajos científicos. Muchas especies de musgo llevan su nombre.

Britton murió en el Bronx, Nueva York, a los 74 años de edad.

# Kansas

Carver siguió a algunos vecinos que se mudaron a Fort Scott, Kansas. Hacía lo que podía para ganar dinero. Cuando tenía dinero, iba a la escuela. Cuando se le acababa el dinero, trabajaba. En esa época enfrentó muchos **prejuicios** raciales.

Carver vivía con los Seymour en Olathe, Kansas. Lucy Seymour le enseñó cómo planchar los volantes y **pliegues** de las ropas elegantes. Se mudó con ellos a Minneapolis, Kansas. Allí, terminó la escuela secundaria.

En 1890, Carver se graduó de la escuela secundaria. Presentó una solicitud para asistir a Highland College en Kansas. Cuando llegó a la universidad para **inscribirse**, lo rechazaron de forma grosera. Esa universidad no aceptaba estudiantes negros. Fue un golpe terrible para Carver.

La moda de la época era compleja y estaba llena de detalles. Planchar esas prendas, como lo hacía Carver, debe haber sido una tarea complicada.

El sebo está hecho de grasa de res. Carver lo usaba para dar sabor al pan de maíz.

## ¿Arte o ciencia?

Carver se hizo amigo de una pareja blanca. Esta pareja vivía en Winterset, Iowa. Animaron a Carver para que volviera a solicitar el ingreso a la universidad. Vieron su **potencial**. Creyeron en él. Carver se inscribió en Simpson College en 1890. Iba a estudiar arte.

Después de pagar su matrícula, solo le quedaron 10 centavos. Vivió durante un mes comiendo **sebo** de res y harina de maíz.

Los maestros de Carver no querían que estudiara arte. No creían que pudiera ganarse la vida con eso. La directora de arte vio que Carver tenía un talento natural con las plantas. Le sugirió que estudiara **botánica**. La botánica es la ciencia que estudia las plantas. Carver permaneció en esa universidad menos de un año. Luego, fue transferido a la universidad Iowa State. Allí fue a estudiar ciencias agrícolas.

### ¡Ganador!

Carver ingresó a un concurso de dibujo en la Feria Mundial de Chicago de 1892. Ganó una mención de honor por su dibujo de una planta de yuca.

# Katherine Esau (1898–1997)

Katherine Esau fue pionera en el campo de la **anatomía** vegetal. Los anatomistas estudian cómo se conforman los seres vivos. Fue tal vez la mejor anatomista vegetal del siglo xx. Escribió los libros *Anatomía vegetal* y *Anatomía de las plantas con semilla*. Todavía se consideran los libros más importantes jamás escritos sobre las plantas.

Esau nació en Ucrania. Nació en el seno de una familia **menonita**. Su padre era el alcalde de la ciudad. Esau aprendió a leer y escribir antes de empezar la escuela. Estudió ruso, alemán e inglés. Tomó lecciones de piano y fue a una escuela de jardinería. Después de su primer año de universidad, tuvo que mudarse a Alemania a causa de la Revolución rusa.

Cuando Esau tenía alrededor de 20 años, su familia se mudó a Estados Unidos. Fueron a una ciudad en California. Estaba cerca de Fresno. El primer trabajo que Esau encontró fue como ama de llaves. Después, consiguió trabajo en una empresa de semillas. De ahí, se mudó a Davis, California, donde trabajó para continuar sus estudios.

Más tarde, se asentó en Santa Barbara, California. Compró su primera computadora a la edad de 86 años. ¡Tuvo que tomar clases para usarla! A los 91 años, Esau, recibió la Medalla Nacional de Ciencias. Murió a los 99 años.

# Vida universitaria

La vida en Iowa State no fue fácil para Carver. Era la primera persona negra que asistía a la universidad. No se le permitía vivir en los dormitorios universitarios. Solo eran para los estudiantes blancos. Dormía en una vieja oficina. Tenía que comer en el sótano del comedor. En ese lugar, comían los empleados.

Carver tuvo muchas dificultades. A pesar de todo, fue un estudiante sobresaliente. Aprendió cómo funciona el **polen** en las plantas. También aprendió sobre el **cruzamiento** en las plantas. Esto podía crear nuevas y mejores especies de plantas y flores.

Carver también aprendió a aplicar la ciencia a la agricultura. Estudió la **composición** del suelo. Aprendió el modo en el que los nutrientes del suelo afectan el crecimiento de las plantas.

## Seres vivos en la chaqueta

Carver siempre vestía un traje arrugado y raído. Pero en todo momento llevaba una flor o alguna especie perenne en la solapa de la chaqueta.

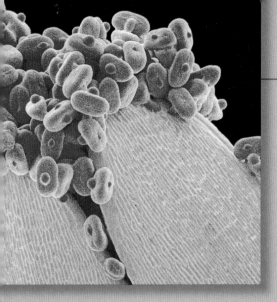

polen del aciano

Los agricultores deben entender el suelo y sus nutrientes para poder tener cultivos saludables.

# David Grandison Fairchild (1869–1954)

David Grandison Fairchild nació en Míchigan. Estudió agricultura. Después de terminar sus estudios, se unió al Departamento de Agricultura de Estados Unidos. Allí, trabajó como botánico y explorador de plantas.

Fairchild recorrió el mundo en busca de plantas que pudiera traer a Estados Unidos. Introdujo más de 80,000 especies y variedades de plantas. Trajo cerezos de Japón. También introdujo los pistachos, las nectarinas, el bambú y el aguacate.

Fairchild se casó con la hija de Alexander Graham Bell. Tuvieron dos hijos. Cuando se jubiló, la familia se estableció en Coconut Grove, Florida. Trabajó para establecer un parque nacional en los Everglades.

# Vida profesional

Carver se graduó de Iowa State. Luego, obtuvo su título de maestría. Tenía muchas ofertas de trabajo.

Booker T. Washington invitó a Carver a Alabama. Washington también había sido esclavo. También fue la fuerza que impulsó la creación de Tuskegee Negro Normal Institute. La escuela dictaba clases **académicas** a estudiantes negros. También enseñaba materias prácticas.

Washington invitó a Carver a unirse al cuerpo de maestros de la escuela y a crear un departamento de agricultura. Washington creía que era importante que las personas negras fueran **autosuficientes**. Quería que tuvieran sus propias tierras. También quería ayudar a los agricultores para que trabajaran mejor la tierra.

Carver fue a Tuskegee. Notó que allí los cultivos de algodón eran pequeños y débiles. Vio que la tierra era **árida**. Estaba **erosionada**. Planeó enseñar a los agricultores mejores técnicas de plantación y cultivo. Sabía que necesitaban plantar otros cultivos.

Tuskegee Negro Normal Institute en Alabama

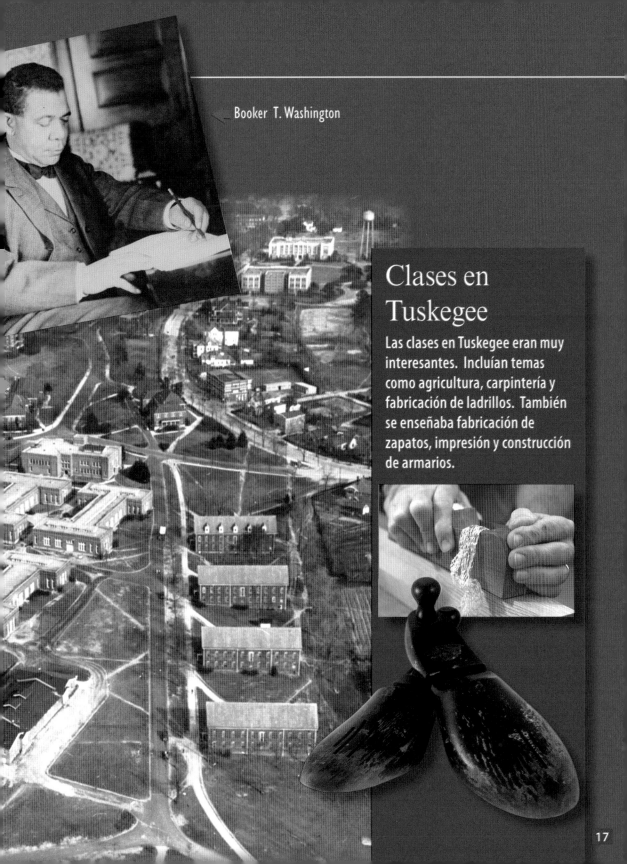

Booker T. Washington

## Clases en Tuskegee

Las clases en Tuskegee eran muy interesantes. Incluían temas como agricultura, carpintería y fabricación de ladrillos. También se enseñaba fabricación de zapatos, impresión y construcción de armarios.

Carver encontró muchas maneras de hacer cosas útiles con las plantas.

# Nuevamente sin recursos

Cuando Carver llegó a la escuela, el edificio de agricultura no se había terminado. Tenía que enseñar en una choza. No tenía calefacción. Carver no tenía más elementos que su microscopio. Había sido un regalo de sus amigos de Iowa State. Necesitaba equipos para enseñar. Por eso, envió a sus estudiantes a buscar cosas de la comunidad para poder usar en el laboratorio. Carver creía que era importante ahorrar todo y no desperdiciar nada.

El instituto Tuskegee estaba ubicado en una **plantación** abandonada. La tierra era pantanosa, con mucha basura. No tenía mucha hierba, flores ni arbustos. El suelo era, casi en su totalidad, de arcilla seca. Pocas cosas crecían allí. Carver y sus estudiantes limpiaron la tierra. La prepararon para plantar cultivos sanos.

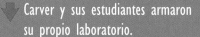 Carver y sus estudiantes armaron su propio laboratorio.

## ¿Qué es la quimiurgia?

Carver fue pionero en la investigación de la **quimiurgia**. Es el campo de la ciencia que utiliza los productos agrícolas para fines industriales.

## ¿Quién inventó la mantequilla de maní?

La mantequilla de maní se ha inventado y vuelto a inventar muchas veces a lo largo de la historia. El médico John Harvey Kellogg patentó un "Proceso para preparar un alimento a base de nuez" en 1895. Utilizó cacahuates. La investigación de Carver sobre el cacahuate comenzó en 1880. Por eso, a veces recibe los créditos por la invención de este producto.

# Un gran maestro y una escuela móvil

Carver no estaba de acuerdo con la manera en la que se enseñaban las ciencias a la mayoría de los estudiantes. Escuchaban disertaciones. Leían libros y aprendían vocabulario. Pero, en realidad, no entendían las plantas.

Carver creía en el aprendizaje práctico. Sus estudiantes aprendían trabajando al aire libre. Hacían **experimentos**. Llevaba a los estudiantes a hacer caminatas por la naturaleza. Les mostraba cosas.

Carver quería enseñar en la comunidad. Los agricultores necesitaban ayuda. Quería ir hacia los agricultores. Carver creó una escuela móvil. Sus alumnos la construyeron dentro de la carreta **Jesup Wagon**. Era como una casa rodante. Fue una donación de un hombre llamado Morris K. Jesup para ayudar a la escuela. Los estudiantes la conducían hasta las granjas. Desde allí, Carver enseñaba las técnicas de cultivo más recientes.

◀ La "escuela móvil" de Carver

## Emma Lucy Braun
### (1889–1971)

Emma Lucy Braun nació en Cincinnati, Ohio. Sus padres eran maestros. La incentivaron para que apreciara los bosques. Braun recibió tres títulos de la Universidad de Cincinnati. Obtuvo un doctorado en botánica.

Braun tenía una hermana llamada Annette. Annette era **zoóloga**. Fue la primera mujer que obtuvo un doctorado de la Universidad de Cincinnati. Las hermanas eran compañeras de investigación. En la década de 1940, las hermanas se mudaron juntas a una casa situada en dos acres de bosque. Allí vivió Emma Braun durante 30 años.

Después de jubilarse como docente de la universidad, Emma Braun siguió escribiendo y explorando. Ella y su hermana salían a deambular por el campo. Buscaban plantas raras o inusuales. Encontraron muchas cosas nuevas recorriendo Ohio. Braun también trabajó para preservar áreas naturales y crear reservas naturales.

Help for the Hard Times

Important to Farmers
Take Note

## Ayuda para los tiempos difíciles
La ayuda de Carver a la comunidad incluía folletos para los agricultores.

# El Hombre del Cacahuate

Carver encontró más de 300 usos para el cacahuate. La gente lo llamaba "el Hombre del Cacahuate". La lista a continuación incluye algunas de las cosas que creó a partir del cacahuate.

Carver usó muchas técnicas diferentes para convertir las plantas de cacahuate en productos útiles.

- salsa picante
- sustitutos de carne
- ponche de ciruela
- sustitutos cosméticos
- oleomargarina
- papel
- pegamento
- **linóleo**
- lubricante
- paneles de yeso
- anilina

- café instantáneo
- mayonesa
- **laxantes**
- sustitutos de espárragos
- briquetas de combustible
- gasolina
- insecticidas
- plásticos
- tinta
- tinte para madera
- caucho

Carver pudo haber ganado mucho dinero con sus descubrimientos. Pero creía que era Dios quien inspiraba y guiaba su trabajo. Creía que sus descubrimientos le pertenecían a la gente. No quería que patentaran sus creaciones. Solo solicitó tres patentes en toda su vida.

## Plástico a base de maíz

Otra planta que tiene muchos usos es el maíz. ¿Sabías que el maíz se puede utilizar para hacer plástico? Es **renovable** y se degrada con el paso del tiempo.

¿Qué se puede fabricar con el plástico a base de maíz? Los productos incluyen bolsas de basura, bolsas para compras, tazas de plástico y utensilios desechables para comcr. Incluso el empaque del cacahuate, las clavijas de golf y los boletos de esquí, a veces se fabrican con plástico a base de maíz. Es posible que hasta estés escuchando tu música preferida en un reproductor hecho con plástico a base de maíz. A partir de 1980, los líderes de la industria de productos electrónicos comenzaron a usar este plástico para el frente de sus productos. Por eso, la música de Korn, por ejemplo se puede escuchar en un reproductor hecho de un plástico a base de maíz. ¿No es interesante?

# El mago de Tuskegee

Otras personas querían que Carver trabajara con ellas. Thomas Edison fue un inventor. Quería que Carver trabajara para él. Le ofreció a Carver un salario de seis cifras. ¡Era una cantidad increíble de dinero para la época! Sin embargo, Carver rechazó la oferta.

El fabricante de automóviles Henry Ford también estaba interesado en Carver. Necesitaba fuentes de caucho en Estados Unidos. Necesitaba el caucho para los neumáticos y otras partes de los automóviles. Carver no iba a dejar Tuskegee.

Carver se quedó en Tuskegee hasta que murió, en 1943. Jamás se casó. Estaba dedicado a su trabajo.

El trabajo de Carver cambió la ciencia para siempre. Antes de que Carver comenzara su investigación, casi nadie utilizaba materiales extraídos de las plantas. Solo se usaban para los alimentos y la ropa. Debido al creativo enfoque de Carver respecto a la agricultura, se hicieron grandes avances científicos.

## Inventor

Carver inventó el caucho sintético. También fabricó el material con el que se pavimentan las autopistas. Lo logró gracias a su investigación sobre la batata y la nuez pecana.

Sally Ride
Science

# Geobióloga: Hope Jahren

**Universidad John Hopkins**

## Viajera en el tiempo

Para entender las plantas antiguas, Hope Jahren recolecta plantas y fósiles y los lleva a su laboratorio. Allí, los estudia con microscopios y otras herramientas. Su investigación nos brinda información sobre el aire, el suelo y el agua en los que vivieron las plantas. Todas esas pistas ayudan a Jahren a entender cómo era el clima hace muchos años. Y también, quizás, a entender cómo cambiará en el futuro.

▼ Jahren puede trabajar en el exterior, buscando y observando señales de vidas antiguas.

▲ Fósiles como este nos ayudan a aprender cómo era la vida hace mucho tiempo.

¿Cómo era nuestro planeta hace 45 millones de años? "Era una Tierra muy distinta", explica Jahren. Por un lado, crecían árboles inmensos cerca al polo norte. En aquel entonces, no tenía hielo, pero ya estaba a oscuras seis meses al año. Si pones las plantas de tu casa dentro de un armario durante todo ese tiempo, todas morirán. Entonces, ¿cómo sobrevivió un bosque completo? No te lo pierdas. Jahren está trabajando para descubrirlo.

## Los expertos nos dicen. . .

¿Qué tan novedoso es descubrir que esos árboles enormes pudieron sobrevivir inviernos largos y fríos cerca del polo norte? "Es como descubrir un ser humano que puede vivir bajo el agua", dice Jahren.

## Estar allí

"Trabajar en conjunto es una parte muy grande de la ciencia", explica Jahren. "Es como formar parte de una familia que intenta averiguar cosas".

## Piénsalo

Cuando era niña, Jahren jamás creyó que sería científica. Quería ser maestra, médica, enfermera, abogada, o tal vez escritora. ¿Qué has pensado ser?

## Para hacer

"Me encantan las revistas de historietas", cuenta Jahren. Incluso dibujó su propia historieta sobre una comadreja científica. Intenta dibujar tu propia historieta sobre algo que te guste hacer.

# Laboratorio: Transporte dentro de las plantas

No podemos ver el crecimiento de las plantas porque crecen lentamente. Sabemos que las plantas toman agua y obtienen nutrientes de la tierra. De lo contrario, se marchitarían y morirían.

Para aprender más sobre las plantas, haz un experimento para demostrar que el agua se transporta desde la raíz, por el tallo, y hasta las hojas de la planta.

## Materiales

- vaso de precipitado
- agua
- colorante de comida rojo
- tallos de apio

AGUA

# Procedimiento

**1** Llena un recipiente o vaso de precipitado grande con agua y agrega el colorante para comida hasta que el color sea rojo intenso.

**2** Coloca los tallos de apio en el vaso y déjalos reposar por un tiempo.

**3** Después de un tiempo, el agua roja fluirá hasta la planta y teñirá de rojo las puntas de las hojas.

**4** Pela un tallo y córtalo por la mitad. Podrás ver los delgados tubos que transportan el agua y los nutrientes a las hojas.

# Conclusión

**1** Describe lo que observaste en el apio. ¿Por qué crees que viste lo que viste?

**2** ¿Qué crees que hubiera pasado si hubieras volteado el tallo de apio y hubieras colocado las hojas en el agua roja? ¿Por qué?

# Glosario

**abolicionistas**: personas que desean abolir o deshacerse de la esclavitud

**académicas**: materias escolares comunes, p. ej., matemáticas, inglés, historia, ciencia

**agricultura**: la ciencia, el arte y el negocio de cultivar el suelo, producir cultivos y criar ganado; cultivar

**anatomía**: estudio de la estructura física de las plantas o los animales

**árida**: que no puede producir plantas ni frutas

**autosuficientes**: capaces de hacer dinero suficiente o tener la comida suficiente para vivir sin depender de otros

**bosque maderero**: un área de tierra con árboles que se pueden cortar y vender como madera

**botánica**: el estudio científico de las plantas

**botánico**: un científico que estudia las plantas

**composición**: el modo en el que algo está hecho

**cruzamiento**: formar nuevas especies de plantas o animales

**erosionada**: gastada

**especímenes**: cosas que sirven como ejemplo

**experimentó**: que se probó para aprender algo, o para descubrir que algo funciona o es verdad

**geobióloga**: una científica que se especializa en geología y biología

**inscribirse**: brindar información, en especial el nombre, en una lista o registro oficial

**Jesup Wagon**: vehículo grande usado por Carver para dar clases mientras visitaba las granjas

**laxantes**: algo que ayuda a una persona a evacuar los intestinos

**linóleo**: una cobertura para pisos lavable y resistente

**matrona**: una persona capacitada para ayudar a una mujer durante el parto

**menonita**: miembro de una iglesia anabautista que se caracteriza por su vida simple y pacífica

**nutrientes**: alimento

**plantación**: campo grande o granja, usualmente en el Sur, donde crecían los cultivos

**pliegues**: dobleces fijos en una prenda

**polen**: una sustancia en polvo producida por plantas florales para fertilizar otras plantas

**potencial**: la posibilidad de que algo pase en el futuro

**prejuicios**: odio, miedo o desconfianza irracional a una persona o grupo

**quimiurgia**: el uso de productos agrícolas para uso comercial o industrial

**renovable**: un recurso, como la madera, que se puede renovar en cuanto se utiliza, para que no se agote

**rotación de cultivos**: un método agrícola en el que una cantidad de plantas se cultiva una después de otra en un campo, de manera que la tierra permanezca sana y fértil

**sebo**: tejido graso duro alrededor del riñón de las vacas y las ovejas que se utiliza para cocinar

**segregadas**: personas de distintos grupos separadas unas de otras

**zoóloga**: una especialista en la rama de la biología que estudia los animales

# Índice analítico

Sally Ride Science™ es una compañía de contenido innovador dedicada a impulsar el interés de los jóvenes en la ciencia. Nuestras publicaciones y programas ofrecen oportunidades para que los estudiantes y los maestros exploren el cautivante mundo de la ciencia, desde la astrobiología hasta la zoología. Damos significado a la ciencia y les mostramos a los jóvenes que la ciencia es creativa, cooperativa, fascinante y divertida.